달 뜨는 언덕

이원문
제37집

달 뜨는 언덕

이원문 지음

책나무

| 차례 |

제1부

제3부

제4부

제1부

하얀 밥 그릇

화롯불 뚝배기에
된장찌개 끓고
둘러앉은 식구
조용한 저녁이다

그릇은 다 같은
하얀 사기그릇인데
위 아랫목 밥 색깔이
어찌 달라야 했나

부엌의 큰엄마
바가지 밥으로
나의 반찬 투정에
방문턱이 닳았다

과거

나는

당신에게서

그 아름다운 날의

과거를 얻었습니다

당신

또 다른 과거가

있었나요

아니겠지요

작은 송년

보내는 한해에
매달린 옛날인가
모두 가라앉아
근심이 되고
쏟아 버리려 해도
앙금으로 남는다

무엇인가 짓눌린
무겁기만 한 마음
돌아보고 둘러보니
다른 길이 보이고
앙금의 가시밭 길
언덕까지 보인다

이 길로 가야 하나
바꾸어 가야 하나
버리고 뿌리고
허공을 보는 마음
나뭇가지에 매달려
한 해가 저문다

겨울 친구

주고받는 옛 이야기
이제 미움이라기보다
뉘우침이 되고
풀어놓은 그 사정에
오해가 풀린다

어린 시절 일이나
커서 있었던 일
시간이 말해주듯
뼈아픈 기억마다
내린 눈에 덮이고

녹여주는 세월에
눈시울이 뜨겁다
이해로 서로 울며
내려놓은 이야기
그 상처 오늘이 아물려 준다

허공의 철새

모르고 따라 왔나
알면서 찾아 왔나
생시가 아닌
꿈같은 세상

입 하나에 매달려
눈 안에 넣고
소리에 귀 얇아져
욕심을 불렀다

나이와 육신이
등 돌려 흐른 세월
만나는 날 그날이
그 잠깐의 꿈이었나

12월의 일기

하루 첫날 1일은
아직 한 달 남았는데
며칠 지난 오늘에
1년이 다 간다
돌아볼 새 없이
앞만 보고 걸어온 길
얻으려 왔는지
몰아세워 왔는지
주머니 뒤집으니
아무것도 없고
첫 달 짊은 1일이
한해 물고 다가온다
빠르다면 빠른 1년
계획도 각오도
삶이 헤쳐버리고
남은 몸만 가는 해에
무겁게 얹혀진다
언제나 그렇듯이
이것이 삶인가
한숨에 가버린 날
돌려놓을 수 없고
얼굴에 그어진 줄

하나 더 늘어난다
이제 보내야 하는 한해
마디 끝에 마디 자란
나무의 1년인가
한 계단 더 내려간
이 몸 보낼 1년인가
웅크린 까치 나무 위에서 떨고
저물녘 서산의 해
노을을 남긴다

고향 풍경

붉그러니 트인 먼동
아침 연기 올리고
추운 닭의 나들이
문간에서 맴돈다
먹이라도 흘려주나
눈치 보는 닭 나들이
한쪽 발 깃에 묻고
외양간 바라본다

맛있는 쇠죽에
입 못 떼는 누렁이 소
무엇이라도 흘리지 않을까
닭 눈치 모르는 척
관심 없이 먹 것만
목깃 세운 수탉
무엇에 화가 났나
문간 검둥이와 맞서 싸우고
누렁이 소 구경났다
말끄러미 바라본다

아침 밥 다 되어
솥뚜껑 울리는 소리

국솥에 국 끓어
솥뚜껑이 열리나
세수하기 싫다
막내 놈 울더니
화롯불 챙기는
할머니의 야단
눈치챈 검둥이
밥 달라 끙끙댄다

항아리 인생

운명의 다리 건너

가야 할 저 먼 길

누가 어느 인생을

어떻게 말할까요

한숨에 빈 가슴

허공으로 메운다

고향의 송년

누가 오지 않을까
기다리는 마음
가득 담은 화롯불에
한해를 태우니

화젓가락에 묻혀진
지난날이 떠오른다
이리 저으며 이 생각
저리 저으며 저 생각

청춘에 봄날도
흰머리의 앞날도
모두 모아 태우며
인두로 덮는다

사람

보이는 하늘에
줄 것이 없다

줍고 주워도
줄 것이 많은 땅

뜨는 해에 얻어
보름달에 잃고

남은 것도 주운 것도
땅에 내려놓는다

12월의 길

무엇인가 잃은 것 같은 허무한 마음
잊혀 진 기억도 있었던 그날도
모두 떠올라 나뭇가지에 걸쳐지고
남은 시간 걷는 길 디딘 발에 부끄럽다
오늘뿐 아니라 다음의 길을 걸어도
걸어온 이 한해처럼
또 그 길을 걸어야 하는 것인지
고무줄 길 디뎌 가로질러 걸어본 길
더 얻고 더 잡아보느라
밤과 낮이 바뀌지 않았겠나
그래도 놓치고 더 얻지 못한 손
내일은 무엇을 얼마나 얻을까
없는 복 찾아 행운도 기다리고
바꾸어본 팔자로 다른 길도 보았다

바위섬의 송년

보내는 해

오는 해

파도에

묻히고

돌아갈 수 없어

부딪혀 부서진다

열여드레의 달

소복이 쌓인 눈
달빛에 어리고
달 보고 짖는 개
늑대울음 띄운다

집집마다 등잔불
꺼져가는 밤
이웃 갔다 못 오고
가려다 못 가고

눈 보다 더 쌓이는
오해의 밤
첫 닭 울음도
그 발자국 못 지웠다

사랑의 노을

견디기 힘들었던 날
흘러간 옛날이
밤마다 찾아오고
계절 잃은 꽃 되어
홀로 피어 있었어요

여기에 이 꽃은
밤에 피어야 하나요
낮으로 바꾸어
잃은 계절 찾는 밤
노을에 그날이 묻히고 있어요

말 잇기 놀이

추억의 건너편
동심으로 돌아간다
그때 그 시절
못 먹고 굶주려도
볏가리 양지에
웃음꽃이 피었다

원숭이 xxx는 빨게
빨가면 사과 ~
여자 아이들 고무줄놀이
사내놈들 자치기 놀이
또 한 곳에 연 날리고
그때 그 까만 고무줄 어디서 나왔나

누룽지 한 줌에 즐거웠던 날
기어 입고 가랑이 뜯어져도
즐거운 놀이에 춥지 않았고
꿰맨 양말에 속옷이 없어도
서울 친구 장갑 한번 빌리는 것으로
하루가 즐겁고 모닥불에 따뜻했다

속인 송년

해 기울 듯 기울어
저울추에 매달린 날
저울추 기울어
옛날로 가자한다

속은 세월에 고단한 삶
찾아올 앞날이
무엇을 놓아줄까
지난날에 비춰진 운명의 날

이제 그만 쉬었다
돌아갈 수 없는 것인지
외딴집 섬 집 아기로
파도소리 듣던 날

찔레꽃 바라보며
다슬기 줍던 날
저울추 내려가며
고무신 놓아준다

12월의 마음

몇 번을 보냈나
보내고 오는 해
마지막인 것 같고
떠나는 이해에
모두가 실려 있다

거울 앞에 표 보는 손
모습은 어떠했나
기억에 없는 세월
이것이 인생인가
무거운 마음 새해가 다가온다

이 땅의 미래(2014.12.18)

저무는 한해 다가올 미래
흙 한 줌 쥐며 나라 걱정을 해보았습니다
크고 작은 사건 사고 우리는 지금 어디로 가고 있는지
어떻게 해야 하는지 가닥이 안 잡히고 있습니다
다른 논리는 뒤로 하더라도
당장 눈에 보이고 피부에 와 닿는 모습들
목소리 없는 아우성이 누구의 모습 입니까
아우성 그 자체에도 문제가 있고
이끄는 지도자님들도 문제가 있는 것은 아닌지요
누구의 잘못도 책임도 아닙니다
우리 모두의 잘못이자 책임 입니다
많은 국제 잔치 치르고도 또 남은 국제 잔치
무엇으로 어떻게 치르어야 하는지요.
순수한 가게 빚 1800조 넘는 나라
어떻게 하다 이 지경에 놓여 있는지요
이 땅을 밟고 있는 외국인 150만 명이
어떻게 하고 있습니까
일자리가 없어서 못 하는 것인지
고학력이라 안 하는 것인지
아니면 임금이 안 맞아 할 수가 없는 것인지
비생산성 경제로 치닫는 나라
단순 노무 6개월 훈련 과정이면

다 할 수 있는 일을 고학력을 찾는 기업 대표자님들
어떻게 생각 하십니까
서당 많아 다 갓 쓰고 그늘에 앉아 있으니
누가 저 많은 들녘의 일을 한단 말입니까
돌아올 겨울은 어떻게 하고요
가정 꾸미기 힘들어 짝 못 짓고
짝 지어도 아이 기르기 힘드니
낳지 못하고 있는 것이 아닙니까
저출산 고령화 무섭습니다
산업인력 국방인력 사회복지 이 나라의 존폐가 드나듭니다
출산도 고령 출산에 모두 건강한 아이가 아닙니다
국민의 어머니인 방송 자체는 생각해 보았는지요
보고 듣는 것이 무엇을 의미 합니까
호화찬란 시시 낙락 그것이 다가 아닙니다
생산성에 손에 진땀 쥐고
열심히 일하는 모습이 어떠할는지요
더욱이 이 나라는 다른 나라 사정과 다릅니다
우리 모두 역사를 되새겨
힘찬 미래로 향하여 나갑시다

(2014.12.18 한해를 보내며……)

겨울 밥상

겨울 밥상에 교훈이 담겨 있다
눈 쌓인 추운 겨울 무엇이 중요한가
쌀독 긁는 소리에 부족함을 배우고
나뭇광 나무에 넉넉함을 배운다
아궁이 불꽃에 인생을 배우고
위 아랫목 방안에서 효도를 배운다

들여온 밥상에 어머니 은혜가 담겨 있다
나누어진 밥상에 어느 반찬이 놓아졌나
밥 색깔 다르니 아이 어른을 알아보고
고봉밥에 양이 다르니
허기에 배고픔을 입으로 배운다
화로에 끓는 된장 누구의 몫인가

먹어라 떠주니 배려를 배우고
고봉밥 덜어주니 사랑을 배운다
맛있는 것과 맛 없는 것 아이들이 더 잘안다
숟가락 젓가락에 어느 반찬이 놓여있나
나눔도 양보도 수저에서 배우고
그릇 긁는 소리에 아쉬움을 배운다

결혼의 양지

둥지 안에 모인
둘만의 모습
양지에 웃고
음지에 울지마라
음지도 양지도
모두가 소중한 것

웃어도 울음 되고
울어도 웃음 되는 것이니
사랑 앞에 인생을 놓고
그 인생 앞에
세월을 놓아야 한다

비교에 얇아지면
처음으로 덮고
무뎌질 수 있을 것이니
두 번의 불행에 속지마라
사랑을 위해
사랑으로 덮어라

제2부

돌부리

아니 갈 수 없어
가야 하는 길
디딘 길 돌 뿌리에
발톱이 빠지고
운명의 길 돌부리에
허리가 휜다

밤낮으로 가야 할
돌부리 많은 길
밝혀도 채이고
어두어도 채이고
돌부리 많은 세상
조심해도 채인다

태평세월

세상의 것을 다 얻어도
나의 것이 아니고
주머니에 넣어도
내 것이 아닌데
왜 그리 더 얻어
채우려 했나

네 것 내 것에
들어있는 것이 무엇인가
갈라놓고 나누며
마주 보아야 했는지
너의 손 나의 손도
빈손이 될 것인데

네 것 빼앗아
무엇에 쓸 것이며
내 것 빼앗아 무엇에 쓸 것인가
시간 안에 감추어
세월 앞에 놓을 것을
그것은 다 흙 한 줌의 것일세

순서

근육부터 삶더니
기름기 말리고
머리에 서리 얹어
이를 다 빼놓고
눈 가리고 귀 막아
정을 끊더라

나뒹구는 몸뚱이
누가 찾을까
찾아와도 법 무서워
인사치레인 것을
알면서 반가워
뭉개며 기어가니

문턱도 높고
마루는 천 리 길
삶이 부끄러워
되 돌아 기어오니
젊은 것들 냄새 난다
외면하고 소곤댄다

묶어본 꿈

껍데기 날 뒤적이며
마음에 묶는 시간
다 빠져나간 알맹이
어떻게 잃었나
한해에 매달린
오늘도 그렇고
먼 옛날까지 묶여진 날
추억에서 아른댄다

기억에 가물가물
실 가닥에 매달린 날
날짜는 모르나 상처투성이다
만남과 헤어짐에 가슴 아픈 사랑
추억으로 가버린 아름다운 날
이 모두 스쳐 갈 때마다
가슴 에이고
아물지 않은 상처에 마음 아프다

이렇게 짧은 날이
오늘을 두고 한말인가
귀 문 닫혀 낭만의 소리 잃고
마음에 비춰진 날

찔레꽃 따라 사랑을 배운다
그 바닷가 파도에 추억도 남기고
억새꽃 언덕에 두고 온 그날들
마지막 달 나이에 모두 묶는다

못 잊어

알 수 없는 그리움
노을에 잠들고
그 시절 그리워
행복을 찾는다
그해 여름날인 듯
파도 골라주던 날
손에 모은 조개껍데기
누구를 기다리나

눈빛 하나로
사무치는 이야기들
지금도 그 이야기
다시 들을 수 있는지
살며시 돌아서
눈감아주던 사랑
바위섬 부끄러워
어떻게 했나

다시 한 번 그 바닷가
걷고 싶어라
머리 위 갈매기 노래
듣고 싶어라

잃어버린 사랑 찾아
언제 다시 돌아갈까
못 잊을 그 시절 노을에 어린다
나 다시 돌아가고 싶어라

소꿉의 기억

그날이 무슨 날이었지
너의 집 찾아갔던 날
한 손에 풍선 들고
또한 손에 껌 들고
너는 내 손에 껌부터 빼앗았지

그리고 뛰어 들어가
문을 탁 닫고 나더니
니네 집에 빨리 가하며
무어라 했니
그래도 네 모습 보고 싶구나

단발머리였던 너
양지 녘에 너 앉아
너의 엄마가 석회 잡아 주었던 너
누더기의 부스럼에
나는 빡빡머리였고

그동안 세월이 얼마나 흘렀니
앞 냇가 물 마르고
뒷동산 없어지고
어디에서 무얼 하고 어떻게 사는지

그 기억에 너의 모습 보고 싶구나

겨울 버섯

서 산의 해 뉘엿뉘엿
저녁을 알리고
집집마다 저녁연기
하늘 높이 오른다
기와집 높은 굴뚝
오막살이의 항아리 굴뚝
항아리 굴뚝 연기는
하늘을 모르는지
집안에서 맴돌다
울타리로 새어 간다
연기 색으로 가늠되는
가난의 오막살이
겨울 버섯 그 찌개로
시름을 달랬다
눈 쌓인 추운 겨울
버섯이 어디에 있나
아카시아 고목에
남모르는 먹는 버섯
민들레꽃 크기로
색깔도 같았다

그해의 성탄

나에게는 아무것도 없었다
쥔 것도 없었고
함께 할 이웃도 없었다
가진 것 없어 숨어 산 인생
소식에 연락도 모두가 끊겼다

숨어도 찾아온 흉
뺑튀기로 상처 되고
그 상처 아물지 않아 지금도 아프다
일찍 떠난 부모님은 알고 계신지
길바닥에 쓰레기가 어떻게 구르는지

그래도 속이는 세월에 굽히지 않았다
인생은 이미 허기에서 배우고
세월은 넘는 해가 옷으로 가르쳤다
종교 없는 성탄 하느님을 찾는 밤
쓰디쓴 인생의 길 발자국으로 남겼다

됨 박 팔자

붙여진 이름

여자의 운명이여

펴지 못할 접힌 날개

그것이 시집인가

다시 펴 날아도

한쪽 날개 못 펴고

던져진 윷가락에

무엇이 나올까

송년의 들녘

먼 하얀 하얀 세상
눈 쌓인 들녘은
뜸북새의 고향이고
기슭의 다랭이논은
따오기의 고향이었다

둑 따라 오르며
외로움 달래던 곳
한입의 산딸기에
뜸북새 따오기도
나와 함께 울었다

송년의 바다

저무는 한 해에
하루해 기울고
잔잔한 바다
작은 파도 일는다
해 떨어지기는
아직 남은 시간
노을을 부르는지
저 먼 곳부터 다르고
오늘따라 더욱더
쓸쓸히 보인다
두꺼비집 지었던
노을의 바다
바람도 그 한몫에
마음 빼앗고
세월의 그물에
한 해가 끌려간다

죄인의 송년

용서를 빌며 보내는 송년
그 은혜 다 언제 갚아드릴까
떠오르는 모습에 못 잊을 분들
삶에 허덕이느라 사람 노릇 못하고
부고장 하나에 어둠에서 뵙는다
자손 만나 인사 하니 가슴 철렁 더 내려앉는 죄
영정 사진으로 뵙는 마음 죽을죄를 지었다
자주 찾아뵙지 못한 낯 뜨거운 얼굴
밝힌 촛불에 향불 켜드리니 무슨 소용이 있겠나
일가친척 이웃 할 것 없이 못 찾아뵙는 죄인
못 갚아드린 은혜에 용서를 빈다

송년의 하늘

올려보는 하늘
희뿌연히 희미하고
허공의 옅은 구름
양지를 가린다
이제 남은 시간으로
보내야 하는 한해

껍데기 시간
나뭇가지에 걸쳐지니
깃 부풀려 앉은 새
먼 하늘 바라본다
찾아갈 곳은 있는지
바람에 떨고 있다

어머니의 겨울

글을 모르시는 어머니
셈을 잘 못하시는 어머니
옥양목 치마로
밥 얻어다 먹였고

빨래터 얼음 깨고
맨손으로 빨래했다
이 산목숨 지키기 위해
의원 집으로 달려갔다

한밤중의 눈보라 속
문풍지의 그 세월
꽃가마에 몸 싣던 날
까마귀 울음에 지워져 갔다

꽁치

아궁이 불 헤치며
꽁치 굽는 할머니
할아버지 밥상에는
꽁치 구이가 있는데
우리들 밥상에는
그 구이가 안 놓였다

무엇에 틀렸나
투정하는 막내 동생
화가 난 할머니
엄마에게 구박하고
없어진 꽁치에
누명까지 써야 했다

생(生)

무당집에
밥 얻어먹어라
보내졌던 날
건너는 개울에서
물소리를 배웠고
뜨고 지는 해에
하루를 배웠다

보이는 산
높은 하늘에서
서러움을 배웠고
무당 엄마 굿에서
인심을 배웠다
밝히는 촛불에 향불 켜 꽂으니
칠성님 바라보며 목숨을 가르쳤다

겨울 굿

누구네 굿 한다
소문은 들었는데
누구 네인 줄 아직 모르고
해 넘어가기만 기다려진다
상상으로 그려보는 굿 집의 그 광경

무당춤에 얻어먹을 시루떡의 그 맛
어른들은 무당춤에 넋이 나가 있고
우리들은 끝나기를 떨면서 기다린다
저 굿이 언제 끝나 시루떡 얻어먹나
그날 밤 징소리 지금도 들려온다

까치의 석양

하루해 떨어지면
늘 그렇듯
밤사이 휴식에
다음이 있었는데
12월 마지막 날
몇 시간 안 한해에는
새해의 첫날이 멀어져 간다

아니 돌아올 날도 아니고
없어질 하늘도 아닌데
왠지 쓸쓸히 까치집만 보여진다
다가올 새해에 무엇이 놓여질까
잃었는지 얻었는지 보내야 하는 한해
석양의 긴 햇살 마음 씻어 내리고
마음도 지는 해도 나뭇가지에 걸쳐진다

시계의 송년

한 시간 안의 남은 한해 무엇을 그려보나
평생을 그려 시계에 넣는 시간
그날에 초침은 순간을 가르쳤고
딛는 발의 분침은 과정을 가르쳤다
결론을 모르는 척 데려온 이곳
이곳의 시침은 무엇을 가르쳤나

나 자신을 모르니 거울에 비춰 보고
나도 모를 마음 허공에 띄웠다
빈 주머니에 손 넣어 먼지 털어내고
주름위에 놓인 그릇 다시 내려놓았다
순리에 순리로 걸어온 짧은 세월
보내는 이 한해에 모두 실려 보내련다

새해의 소원

떠 오르는

태양이여

저 물결 물들이 듯

새해에는

음지부터

고루 비춰주소서

제3부

흙의 씨앗

흙은
그대로
그 흙인데

씨앗이
흙 속에서
거짓을 한다

무엇을 위한
빗물과
가뭄인가

새해의 인생

누가 누구의 인생을 어떻게 생각하십니까
본인의 인생을 돌아보셨는지요
넉넉하다 하여 넉넉한 것이 아니고
그 반대의 부족하다 하여 부족한 것도 아닙니다
인생은 알 수 없는것
그렇게 살아갈 수도 있고
바뀌어 살아갈 수도 있는 것이
우리의 삶이 아닌지요
우리는 모두 이웃 인생을 빌려 살고
그 인생의 세월도 그렇게 얻어 사는 것이 아닐까요
발달에 편리한 것은 그 발달에 기여한
그 사람의 세월과 인생이 희생 된 것이고요
욕심을 채운다 해도 채운 그 사람이
그것을 가지고 가는 것이 아니라
우리 모두에게 나누어 주는 것 입니다
다만 시간이 걸릴 뿐이지요
다 함께 더불어 사는 인생의 그 세월
어찌 불편한 이웃을 만들어야 했는지요
그것이 곧 나의 불행이 될 수도 있는데 말입니다
보이지 않는 시간 안의 그물 속에서 사는 우리들
끝은 세월이 건져 올릴 그 그물 안의 우리들이 아닐까요

새해의 고향

화롯불 쬐이며
벽을 바라보노라면
누런 벽지에
들뜬 천정 얼룩졌고
쥐 긁는 소리 들려
눈 돌려 본 달력
아이들 낙서로
날짜가 혼동 된다

껌 붙였다 뗀 자리
누가 떼어 찢어졌나
제삿날에 생일날
친정엄마 생신날
음력은 아직
달 반쯤 남았는데
빛바랜 달력 새해를 모른다

은혜의 일기

아픔의 고통보다
더 큰 고통이 또 있을까
생배앓이를 7년을 앓았는데
아는 약을 다 써도 듣지를 않았다
제약 회사에 다니면서도 그 병의 약을 찾지 못했다
물 한 모금만 먹어도 돌아서면
바로 화장실로 뛰어야 했고
음식도 거르거나 겁이 나서 못 먹었다
날마다 배앓이로 숨겨야 했던 병
어느 날 길 가다 놀이터에 들렀는데
허름한 할아버지 한 분이 세월을 읽고 계셨다
나는 요구르트 몇 병을 사 들고
목말라 보이시는 할아버지께 드리며 질문을 했다
할아버지 하시는 말씀 자네 고생 많이 했겠네
그럼 내가 방법을 가르쳐줄 테니 그렇게 해
굴뚝 모퉁이 걸어놓은 빽대 쑥을
물 반 양동이 넣고 다려서
소주병으로 두서너 병 만들어 사흘만 소주잔으로
공복에 복용해 그럼 나을 테니 아마 퍼렇게 쏟을 걸……
나는 몹쓸 병으로 옮겨 가는 것을 막았고
목숨을 건졌다 그렇게 고통스러웠는데
그렇지 않으면 지금쯤 저세상에서……

여기에서 이야기 하고자하는 것은
어디에 가서라도 나를 낮춰 웃어른 존경하고
사람을 중요시해야 한다는 것이다
없을수록 못 배운 사람일수록
모두 은인이 될 수 있는 사람이 될 수 있으니까
목적이 아니라 진심에서 우러나오는 마음으로……

고향 아이들

친구야 기억나
우리 그때 그랬잖니
화롯불에 고구마 묻고 숙제 할때
등잔불 심지 크게 올려
코 까맣게 그을리던 생각
그리고 지우개가 없어
침 묻혀 지웠잖니

봄이면 찔레꽃 따라
찔레꽃처럼 예쁜 아이도 있었고
누가 더 좋아했지
삐레기에 찔레 순 진달래꽃
문밖 나서면 꺾어 먹을 것도 많았었는데
벽에 붙였다 떼어낸 껌으로 어떻게 했지
크레용 섞어 가며 나누어 씹었던 너와 나

여름날 시냇가 가을날에 메뚜기
겨울날 나무 짐 지던 생각은 어떻고
솔가리 솔방울 썰매 타다 모닥불에
양말 옷 태워 먹고 쫓겨나던 기억
이불 실 모아 연 날리던 기억
이 모두 가버린 날의 추억이 그리워

너의 모습 떠올리며 그려 본단다

문풍지의 세월

앞산 마루 흰 구름
어데로 흘러가나
꺼져 가는 화롯불
기나긴 밤 부른다

온갖 세월 찾아드는
잠 안 오는 긴긴밤
이 늙은이 괄시하나
아이들 발 끊는다

쑤시는 몸 끌어가며
냉수 그릇 더듬는 밤
하룻밤 꿈 춘몽에
꽃가마에 실려 간다

마구간의 새해

그저 무엇이라도
줄까 하여
눈치 보는 너희들
사람이 없으면
사랑 찾기에 바쁘고
다가가면 놀아 달라
비벼대는 너희들

너희들 새해는
하루 한 번
새벽이 새해이고
보내는 송년은
훈련 끝난 저녁이
송년이란다

마음의 비

2015.1.5 밤

신년의 밤 쓸쓸히

밤비가 내리는구나

흔치 않은 겨울비

순한 양의 눈물인 듯

세월의 눈물인 것 같고

이제 한 발 더 다가온

그 세월의 무게일까

또 한 살 얹어진 마음

무겁기만 하구나

기러기 인생

문밖 나서니
아무도 없고
올려본 하늘에
구름 몇 조각 흐른다
나 아는 사람도
내가 아는 사람도
마음의 문 닫으니
누가 찾고 찾을까
그렇게 속아줘도
또 속이려는 세월

이제 누가 두드려도
두려움이 앞서고
닫힌 문 열지 못하니
날마다 외롭다
바다가 두드리면
한 번쯤 열어줄까
찾아온 바다
쓸쓸히 외면하고
마음만 휩쓸려
바위에 부딪친다

모래 뭍의 사랑

따라온 엄마와
헤어지기 싫었던 날
드러난 갯벌에
굴 바구니 멀어지고
나는 모래 뭍에 앉아
그 시간을 기다리며
모래성을 쌓아야 했다

이쪽으로는 두꺼비집
저기 저곳에는 모르는 글로
엄마라고 크게 써 놓고
고무신 차로 실던 모래는
성 쌓아올리는데 모두 썼다
가랑이 밑으로 갯벌을 바라보며
밀물이 들 때까지 모래성을 쌓았다

겨울 산

홀가분한 나무들
그래도 기슭에는
아직 남아있는데
무엇을 털었는지
나뭇잎뿐이겠나

쌓인 눈에 추우니
응달의 나무 바람이 찾고
어느 곳을 찾을까
양지 녘 찾은 새
꾸벅꾸벅 졸고 있다

갈매기의 노을

저 섬 그늘 오막살이
누가 살던 집이었나
지금은 없고
흔적만 남아 있다

바위에 걸친
찢어진 그물
마당 끝에 쌓여 있는
조개껍데기 굴 껍데기

그 세월 말해주듯
풀숲에 덮이고
흘러내린 껍데기
모래더미에 묻힌다

삭아 드는 그 시간
찢겨나간 세월
갈매기 두리번
다시 찾을 것인가

앞치마

이제 가야 한다
엄마의 길처럼
엄마의 길처럼
그 길을 가야 한다

물마를 새 없는 손
마를 날이 언제인가
불어 오르니 꺼내어 먹이고
사랑에 겨워 품 안에 넣는다

가야 한다 이제 가야 한다
내가 자라나듯 껍데기 몸으로
엄마의 길처럼
그렇게 가야 한다

설날 인사

찾아온 고향
몇십 년만인가
옛 모습이 아니고
하늘만 그대로 다
조상의 묘 하나에
찾아온 고향
울고 웃던 날의
이웃 아주머니 아저씨
기쁨과 슬픔을
함께했던 형님들
장수에 오래 살아 계시니
얼마나 고마운가
다시 뵐 수 있어 반갑고
그날에 젖어 찾아뵙는 인사
아짐니 그저 안 돌아가셨어요
형님 그저 안 돌아갔소
그래 그저 살았어
귀신이 되어도 안 데려가네
쇠심줄 같은 목숨
왜 안 끊어지는 줄 몰라
자식들 보기에도 죄 되는 것 같고
자네는 잘 사는가

그렇게 소식을 끊고 살아
그 어린 것들 잘 크고
서로의 흰머리에 주고받는 인사
오래 오래 사시라 빌어 드리는 마음
일가친척 보다 더 가까웠던 날
그날의 보릿고개 다시 놓여지고
눈 쌓인 정월에 쌀독 긁는 소리
눈물의 정 쌀바가지 그날의 담 넘어간다

회심의 오후

양지 녘 따뜻하다
중천의 해 서산에 가깝고
몇 시간으로 그려 보는
한평생의 그림들

추우면 추운 대로
더우면 더운 대로
찔레꽃의 봄부터
쌓인 눈의 겨울까지

하나둘 그려 모아
나뭇가지에 걸어놓고
바라보다 얼룩지면
조용히 접는다

춘몽

세상은 쥐어야 할
한 줌의 흙일세
늦고 빠른 세월이
흐르는 강물이고

이제 지워보세
담은 소리 버리고
바라보는 하늘
그것이 춘몽일세

어머니의 묘

흐려져 가는 어머니의 정
어머니의 정 찾아 옛날로 돌아간다
그 시절 그 삶에 누구를 위한 희생이었나
떠올려 보면 볼수록 가슴 아프고
살아보니 더욱더 살이 떨어져 나간다
그 살림에 지켜준 이 생명의 등불
이 세상 그 무엇과 바꿀 수 있나
너무너무 가슴 아프고 가엾은 우리 어머니
이 한 많은 세상 어떻게 떠나셨나
약 한 번 못 써보고 돌아가신 어머니
불효에 불효로 눈물짓는 이 아들
어릴 적 떠나셨어도 못한 효도에 한이 된다
가난에 가진 것이 무엇이 있었나
낯선 음식 옷 한 벌 제대로 못 사 입으셨던 어머니
전해들은 이야기로 마지막 이 세상 떠나실 때에도
최하품 나일론 섞인 베옷 입고 떠나셨다 한다
그것도 그렇고 공동묘지를 떠돌며 2번 묻히고
마지막에 효도 한다 불효의 이 자식이
땅 천 평(1000)을 마련하여 3번째 모셨는데
그것이 효도했다 모두이고 다인가
이미 3번이나 흙 속에 다시 묻혀야 했던 어머니인데
생전에 뜨거운 불 속이 싫다 했던 어머니

그렇게 흘러간 몇십 년의 세월에
마지막 3번째 이장해드릴 때에는
그 가난의 베옷이 어머니를 도왔다
없어서도 그렇고 다행히 나일론 섞인 베옷 덕에
눈물을 훔치며 뼈마디 하나하나 잃지 않고
빠짐없이 다 찾아 드릴 수 있었다
3번씩이나 묻혀야 했던 어머니의 뼈를……

하루의 이름

그 시대의 우리 조상들은
정확한 시간을
그리 중요시 하지 않았다
그저 뜨는 해에 하루를 맡겨
나름대로 이름을 붙여가며
그렇게 그렇게 생활했다

첫새벽 새벽
아침 아침나절
점심 점심나절
저녁 저녁나절
어두운 밤도
밤중 오밤중으로 나누어
밤하늘을 보며
조용히 생활했다

때와 무렵 그리고 쯤은
어중간한 시간으로
따지기보다 배려의 마음이
훈훈하게 실려 있었다
농촌의 품앗이 도시의 시간 맞춤도
어림잡아 그렇게 나눔으로 생활했다

지금은 어떠한가
시곗바늘에 휘둘려
헐뜯고 싸우고
정확한 시간이 아니면
큰 손해를 입어야 하지 않는가
날짜도 시간으로 나누어 분까지 쪼개고

좁아지는 세상
채우기에 바쁜 세상
메마른 인심에
거짓으로 얼룩지고
기회의 핑계로
모두 빼앗으려는 세상
체면과 위신 위해 생색으로 도와주고
대가성을 바라는 세상
옛 우리의 시간은 그렇지 않았다

하얀 조개

바위섬 따라
잃은 몸 찾던 날

껍데기에 모래만
가득 차 있었다

그날의 노을

강 언덕 저 멀리
물새 날고

못 잊을 그리움
노을에 젖는다

이제 그만
잊어야 하나

그날로 돌아가
이름을 부를까

불어오는 강바람
그 이름 지운다

제4부

겨울 이야기

아직은 먼 춘삼월

섣달의 밤 깊어 간다

한낮 문풍지에

밤새워 우는 부엉이

다듬이질 방망이

눈꺼풀 누르고

첫닭 울어 나가 보면

밝은 샛별 내려본다

솔가리의 선달

시린 바람불어 쏟아진 솔가리
쏟아 놓은 나뭇가지 추위에 떨고 있다
가랑잎 섞일세라 골라 모은 솔가리
나뭇광 한구석에 아끼느라 쌓아놓고
그믐 초하룻날 떡국 끓이는데 썼다

엄마의 솔가리 둥치 얼마나 예뻤었나
반은 팔아 떡쌀 마련하였고
나머지는 아꼈다 초하룻날 땠다
이맛돌 두드리며 솔가리 때던 엄마
엄마는 불꽃 보며 눈물을 감추었다

무너진 행복

흐르는 강물은
처음과 같았는데
철새 떠나가고
빈 배만 묶여 있다

다음이 있다면
다시 찾아 날아올까
묶인 배 풀어주면
거슬러 올라갈까

쓸쓸한 강바람
잔물결 이르고
날 저문 나루터
노을 져간다

기억의 바다

갯벌 드러나면
모래 뭍을 찾았고
밀물 들어와
배 마중 나갔다

몇 살 때 기억일까
황포돛배의 소금 배
섬 그늘 지날 때면
갈매기 불러 마음을 실었다

한겨울 얼음 둥둥
얼음 타고 놀던 곳
뱃놀이에 징소리
아직도 들려온다

시어머니

어머니

고생 많으셨습니다

어머니

저 어머니의 며느리 맞지요

마음은 친정으로

몸은 시댁에

한 몸의 두 마음

한곳으로 모은다

구름의 뜰

때맞춤에

가는 세월

이슬만 앉혔나

열흘에 속아

낙화 되니

찬바람 불어오고

피는 꽃에

음지 양지

모두 거쳐가더라

기러기의 달

그만 울음 내리고
가고 싶은 곳으로 가거라

네 떠나온 곳
구름이 찾아가고

구름이 떠나온 곳
네가 찾아가는 길

넘는 산 넘으며
뒤돌아보지 마라

검은 매듭

겉 포장은 사랑이고

속 포장은 정이었다

방앗간의 그믐

이틀 앞 설날에 아이들 꿈 부풀고
이웃집 어른들 떡 내리기 바쁘다
줄 서 있는 떡쌀 함지 언제 순서 다가오나
김서린 방앗간 뒤 방아 돌아가는 소리
가래떡 구경에 아이들 침 넘어간다

누구네 집 새색시가 저렇게 예쁠까
넋 나간 아줌마 순서 잃고 떠들고
떡 내리던 할머니 까닭 모를 말다툼 한다
늘려 있는 떡쌀 함지 줄지 않는 섣달그믐
저무는 방앗간 모닥불에 더 저문다

저무는 겨울

봄바람 섞인 듯
깊은 겨울 물러나고
며칠 남은 섣달그믐
나뭇가지 다르다
먼 산 뿌연 이 움이 자랐나
여린 까치의 울음
쓸쓸히 들린다

산 너머에 잠자는 봄
이제 초하루 지나
보름이 다가오면
나무 가장이 물어 올려
까치 부부 둥지 틀고
양지 녘 냉이 싹
호미 끝 기다린다

비 오는 겨울(2015.01.25)

눈이라도 내리면
마음이 포근한데
가랑비에 옷 젖어
마음이 울적하다
마디마디 맺힌 빗물
가지의 움 깨우려나

녹아내린 얼음 위
고인 물 흐르고
앉은 새 쓸쓸히
어디론가 날아간다
젖은 깃에 추울 것인데
찾아갈 곳은 있는지

가난한 마음

다 보내고 흘러가고
부딪칠까 이리저리 피해온 세월
내 얻은 것이 무엇이고
잃은 것이 무엇인가

짊어지고 채운 것은
누구의 것이었나
손 털고 하늘 보니
그 구름 흘러간다

이제 눈 안의 것 비우고
담은 소리 흘리면
지금도 처음도
그 자리가 될 것인데

춘몽의 세월 짧기도 짧다
이제 며칠이 될지
뼈마디에 바람 넣고
살 아프다 엄살 했던 날

모두 꽃가마에 싣고
나 홀로 떠나련다

남긴 정 버리고
그 자리로 가련다

계수나무의 사랑

달빛에 어린 정
만나보니 아니고
노래하던 그 꽃도
세월에 시들었다

더운 손잡고
설레던 날
그 미움의 정이
달빛에 어렸었나

별 모아 쥐어 주고
맹세했던 날
자리 셈에 더 가까이
옛 달빛 구름에 흐려져 간다

정월

아이들 즐겁고
어른 마음 무겁다
풀숲 애호박만 모르게 늙나
큰 딸년 청혼에
짝지어 줄 걱정 되고
부쳐 먹는 논 밭떼기
떼일까 걱정된다

하루가 다른 망령의 시할머니
쌀 항아리 줄어드니
보릿고개 기다린다
차장년(안내양) 내려오면
보태주고 가려나
그것도 빨리 벌어 시집가야 하는 것을

가래떡 쥔 막둥이는
무엇이 저리 좋을까
엿 한 조각 입에 물고
시 할미 놀려댄다
이제 보름 지나면
씨앗 준비도 해야 하는데

석화(石花)

세월아 가자

이제 그만 찾아가자

천둥소리로 듣고

그 빛으로 보았으니

더 볼 것이 무엇이고

들을 것이 무엇이냐

그믐 길

옷깃에 바람 들고
허기에 추우니
등 시린 모닥불
해 넘기며 가자한다

왔다 가는 한세상
누가 나를 내보냈나
원망이 아닌 마음
노을에 잠들고

정처 없이 가는 곳
허기에 지친다
이내 몸 무엇 찾아
어디로 가야 하나

한술 밥은 참겠는데
떨리는 몸 갈 곳 없고
묵어도 걸어도
내일이 두렵다

울타리의 정월

겨우내 온 눈 녹는 듯
돌뿌뎀이 한곳에
양지바르고
갓난이 손톱만큼
모를 싹 밀어낸다

갓난이 울음 멎으면
달래 냉이 돋아날까
장독대 맘마 간장
갓난이 기다리고
작년 봄 난초 기지개 켠다

0살의 생일

년(年) 잃고 월(月)도 잃었다
무렵의 년 월에 쯤의 날짜
섣달 열 사흗날
제삿날로 짚은 생일
이름과 생년은
동네 이장이 지어 주었다 한다
돌림병에 먼저 간 친구들
나는 갔다 다시 돌아왔다 한다
시절에 시절인 만큼 아는 어른 안 계시고
남모를 이해로 가슴에 넣고 산다

세월의 강

모르니 그것이고
알고 보니 아니더라
봄 안개에 가려
하늘 못 보고
피는 꽃에 눈 멀어
배 떠난 줄 몰랐다

들리는 물새 소리
무엇을 말하는지
찾아와 떠나도록
알아듣지 못하고

여름 바람 시원하여
그 단몽 기억하니
강물은 그대로
흘러가는데
머리에 서리 앉고
앞니부터 빠지더라

봄 숭늉

누룽지 긁는 소리

언제 들릴까

누룽지 긁는다

할머니 야단하고

부엌문 앞 막냇동생

안 준다 울어댄다

이 도서의 국립중앙도서관 출판예정도서목록(CIP)은 서지정보유통지원시스템 홈페이지(http://seoji.nl.go.kr)와 국가자료공동목록시스템(http://www.nl.go.kr/kolisnet)에서 이용하실 수 있습니다. (CIP제어번호 : CIP2017005734)

달 뜨는 언덕

초판 1쇄 발행 2017년 3월 27일

지은이 이원문 **펴낸이** 임정일
책임 임병천 **편집** 김지해, 김수경 **디자인** 이동헌

펴낸곳 책나무출판사
출판신고 2004년 4월 22일(제318-00034)

주소 서울시 영등포구 신길3동 325-70 3F
전화 02-338-1228 **팩스** 0505-866-8254
홈페이지 www.booktree.info

ISBN 978-89-6339-517-3 03810